Marco Weiss

Demokratie neu gedacht

Eine Analyse zur aktuellen Situation mit Lösungsansätzen

tredition

Impressum

© 2024 Marco Weiss

Druck und Distribution im Auftrag des Autors: tredition GmbH, Heinz-Beusen-Stieg 5, 22926 Ahrensburg, Deutschland
Das Werk, einschließlich seiner Teile, ist urheberrechtlich geschützt. Für die Inhalte ist der Autor verantwortlich. Jede Verwertung ist ohne seine Zustimmung unzulässig. Die Publikation und Verbreitung erfolgen im Auftrag des Autors, zu erreichen unter:
Marco Weiss,
Nettelbeckufer 34,
990898 Erfurt, Germany .
Kontaktadresse nach EU-Produktsicherheitsverordnung:
marcoweiss074@gmail.com

Inhaltsverzeichnis

Lass Dich vom Bösen
nicht überwinden,
sondern überwinde das
Böse durch das Gute

Röm. 12.21

Vorüberlegungen

Ich möchte bevor wir in die Thematik vertieft einsteigen eine Problembeschreibung für unser demokratisches Gesellschaftsmodell stellen.

Wir befinden uns im ausgehenden Jahr 2024, die Ampelregierung ist Geschichte, der Kanzler hat inzwischen die Vertrauensfrage gestellt und die

AfD könnte zur Einzigen Opposition im Deutschen Bundestag werden. Elon Musk wird, nachdem er AFD freundlichen Artikel in der Welt veröffentlichte de facto als Dämonische Gestalt verschrien, welcher unsere Demokratie auffressen möchte. Dabei vergessen die Protagonisten von Polenz, Merz über Habeck und Scholz bis zu Steinmeier, dass sie alle sich vehement und völlig unverblümt in den Wahlkampf um das Weisse Haus eingemischt haben. Das

ZDF vornweg, mit ihrem unsäglichen Elmar Thevesen, der regelmäßig darüber berichten durfte wie sich Frau Harris auf dem Vormarsch befände, selbst als Fox News bereits vermeldete, das Trump elected President ist, schwadronierte Thevesen über das noch lange nicht entschiedene Rennen ... Und unsere Demokratie gerät wegen eines Gastartikels von noch nicht einmal einer halben Seite in Gefahr – Natürlich.

Was zeigt uns dieses Beispiel ? Beziehungsweise, warum spreche ich es hier an ? Es zeigt sehr gut, wie dünnhäutig unsere Gesellschaft geworden ist, wenn es darum geht, andre Meinungen auszuhalten. Aber selbst die eigene Meinung als alleingültig darzustellen, dies ist international inzwischen anerkannt, dank unserer Außenministerin, welche in einer bestechenden Beharrlichkeit ausländische Diplomaten vor den Kopf stößt und völlig undiplomatisch versucht zu belehren.

Aber kein Politiker der aktuellen Garde übernimmt Verantwortung, Lindner möchte wieder Finanzminister werden, Baerbock wieder Außenminister Scholz möchte Kanzler werden, genau wie Merz und sogar Herr Harbeck möchte diese Position. Das im aktuellen Parlament kaum ein Politiker ernsthaft Anspruch auf ein politisches Spitzenamt formulieren dürfte, geht dabei völlig unter.

Unser demokratisches System

Zur Beschreibung unseres demokratischen Systems müssen wir ein paar Jahrzehnte zurückblicken.

Unsere Demokratie hat sich nicht aus dem Volk heraus entwickelt, nein ganz und gar nicht. Es wurde von den Alliierten entwickelt und aufgesetzt. Im Osten Deutschlands kam es wiederum zu einer Diktatur, die letztlich durch das Volk von innen heraus beendet wurde. Im Westen hat sich aber unter Führung der Amerikaner ein System etabliert, welches Demokratie ähnliche Züge besitzt, aber inzwischen eher einer Oligarchie ähnelt, als einem demokratischen Staat. Es ist eine Herrschaft von Parteien, die gestützt auf dem Listenwahlrecht ein in sich rotierendes Personalkarussell in Kraft setzt. Dieses Prinzip hat zu einer Entfremdung von Problemen der Bevölkerung geführt, wie dies in der deutschen Geschichte selten der Fall war.

Dabei reagieren die Menschen im Osten darauf deutlich sensibler. Dies erklärt sich auch recht einfach aus der Geschichte. Die Menschen im Osten haben Diktaturerfahrung und dazu die Erfahrung, wie man ein politisches System überwinden kann. Die Chance dies politisch zu nutzen, hat der Lauf der Geschichte unmöglich gemacht. Ein zentraler historischer Fehler und eine der Hauptursachen für unsere aktuelle gesellschaftliche Situation, ist aus meiner Sicht, der schnelle Beitritt der neuen Länder in den Geltungsbereich des Grundgesetzes. Die Übernahme dieses politischen Systems, dessen Schwächen bereits in den 80igern deutlich wurde und der damit verbundene Verzicht auf positive Entwicklungen der DDR, die auch der neuen Bundesrepublik eine gute Färbung verpasst hätte – diese Chance wurde vertan. Es wurde ein

Elitenwechsel vorgenommen, wobei die in die DDR exportierten Eliten nicht die erste Reihe, sondern eben vielmehr die dritte und vierte Reihe der westdeutschen Elite ausmacht. Diesen historischen Fehler einer Partei oder Gott bewahre dem Kanzler der Einheit Dr. Helmut Kohl anzulasten würde aber viel zu kurz gehen. Es war eine historisch einmalige Gelegenheit die Deutsche Einheit zu erreichen, die von der Bevölkerung im Osten mit dem Ausblick auf Verbesserung der materiellen Lebensbedingungen, im Weg mitgetragen wurde. Von daher ändert meine Analyse auch nichts an dem historischen Verdienst von Helmut Kohl, die von ihm vorangetriebene Aussöhnung mit der Sowjetunion, die damals vorbildhaften freundschaftlichen Beziehungen zwischen den beiden Staaten liesen erst die Entwicklung soweit reifen. Und eine Alternative, wie man die Ostdeutsche Bevölkerung von einem anderen Weg, etwa einer Coexistenz hätte überzeugen können, ohne dabei eine quasi Entvölkerung zu riskieren – dies fällt auch mir sehr schwer.

Die Entwicklung einer gemeinsamen Verfassung hätte deutlich mehr Zeit gebraucht, die man nicht hatte – die DDR war de facto zusammengebrochen, das Recht wohl nicht mehr existent.

Was hat sich nunmehr verändert. Es gab einen gewaltigen Linksruck in der Politik. Dies hängt nicht mit der

Existenz der Linken zusammen, sondern stürzt eben diese Partei zunehmend in Existenzängste. Das Problem ist die CDU. Ja, ich habe mich nicht verschrieben, die Union ist das eigentliche Problem in der Verschiebung unserer Politik. Unter dem Führungsduo Merkel/ Polenz wurde die Partei auf einen selbstzerstörenden Mitte Links Pfad getrimmt. Ehemals klassisch Unionsbesetzte Themenfelder wurden aufgegeben und der AfD überlassen, mit diesen allerdings eben auch dieser Teil der Wählerschaft. Dies bedeutet für SPD und Grüne, das ein Konkurrent in ihren klassischen Wählerpotential fischen möchte, also hat sich die SPD weiter nach links orientiert und die Grünen mit einem Flügel nach links und der andere Flügel bedient thematisch die klassische wohlhabende Bürgerschicht. Dies führt dazu, dass SPD, Grüne und Union de facto im Whlerpool Mitte links bis ganz links aktiv sind. Dazu kommt noch die wahrscheinlich zu vernachlässigende FDP und das BSW, welche politisch nicht recht zu verorten ist, und deshalb vielschichtig wählbar erscheint. Die AfD hat aber ein deutlich größeres Wählerpotential Mitterechts, was nur der Stempel als Nazipartei aktuell noch etwas hemmt. Mit einer geschickten Kampagne kann man dies sicher abräumen, aber auch die Anti AfD Politik der anderen Parteien trägt entscheidend dazu bei, dass die AfD eher stärker wird, als schwächer.

Ebenfalls ein wichtiger Fakt ist, dass es quasi keinerlei Qualifikation braucht, um in den Deutschen Bundestag einzuziehen. Früher waren dies allessamt gestandene Persönlichkeiten. Heute ist dies nicht mehr der Fall. So haben Herr Spahn (Ausbildung Bankkaufmann) und Herr Amthor (abgeschlossenes Studium) zumindest eine abgeschlossene

Ausbildung, dies hindert sie natürlich nicht daran trotz anhängiger Skandale um Korruption und Vorteilsnahme ihre Mandate zu behalten.

Aber dann gibt es eben diese Ziemiaks, Göring- Eckardts, Langs, Kühnerts und es sind noch viel mehr die ohne jede Ausbildung der Meinung sind der Bevölkerung zu erzählen, wie so eine Gesellschaft funktionieren kann und muss. Dazu kommt, dass man für gefälschte Lebensläufe, Dissertationen bei denen betrogen wurde in

Deutschland keinerlei Folgen befürchten muss, In Thüringen kann man damit sogar gegen den Willen der Mehrheit der Bevölkerung Ministerpräsident werden.

Thüringen ist überhaupt ein gutes Beispiel. Dort gab es viele Versprechungen und den Beschluss und immer wieder das Betonen auf den Verzicht der Zusammenarbeit mit AfD und der Linkspartei. Um letztlich aber die Macht zu bekommen, hat Lügendoktor Mario eine 3+1

Zusammenarbeit mit der Linkspartei geschlossen. Die Linkspartei wurde nicht in die Regierung eingebunden, aber trotz allem wurde eine Zusammenarbeit vereinbart, welche dem Beschluss der Bundes CDU klar zuwider läuft, aber deren Vorsitzender Merz handelt ebenfalls getreu dem Motto „Was interessiert mich mein Geschwätz von gestern" - am Ende gibt es eine Union's MP. Wie lange und wie peinlich dies für die Union am Ende läuft, man wird sehen.

Die Parteien waren gedacht als das Instrument, welches verschiedene Strömungen in der Bevölkerung abbilden und ihnen eine Stimme geben sollte. Dies wird in dem Moment ausgehölt in dem man einzelne Parteien Linkspartei und besonders AfD von parlamentarischen Posten und jeglicher Zusammenarbeit ausschließt. Dies hat zur Folge, dass sich der Handlungsspielraum und Diskurs ganz deutlich einschränkt und gipfelt am Ende in der aktuellen Vertrauenskrise, in der jede kritische Stimme, als Rechtsaußen und Nationalsozialistisch verschrien wird.

Unsere politische Gesellschaft braucht einen dringenden und wichtigen Umbruch.

Wir müssen endlich Mehr Demokratie wagen.

Mehr Demokratie wagen

Wir brauchen mehr Demokratie. Mehr Volksentscheide auch auf Bundesebene, auf Landesebene und Kreisebene. Menschen müssen gestalten können aktiv und nicht nur passiv vor dem TV Gerät.

Der Bundespräsident

Bundespräsidenten von Format wie ein Weizsäcker, Herzog oder Köhler gibt es nicht an jeder Straßenecke und auch nicht in jeder Generation. Aber Steinmeier? Im Ernst. Ich kann mich kaum daran erinnern, dass ein Bundespräsident unbeliebter war und farbloser als es der aktuelle Präsident ist.[1]

1

Das Amt des Bundespräsidenten hat in der Hauptsache repräsentative Aufgaben. Im Grundgesetz sind im §59 und 60 die Aufgaben des Präsidenten klar beschrieben. Dort heisst es:

Artikel 59
(1) Der Bundespräsident vertritt den Bund völkerrechtlich. Er schließt im Namen des Bundes die Verträge mit auswärtigen Staaten. Er beglaubigt und empfängt die Gesandten.

(2) Verträge, welche die politischen Beziehungen des Bundes regeln oder sich auf Gegenstände der Bundesgesetzgebung beziehen, bedürfen der Zustimmung oder der Mitwirkung der jeweils für die Bundesgesetzgebung zuständigen Körperschaften in der Form eines

---

Siehe dazu: https://www.hasepost.de/steinmeiers-popularitaet-sinkt-umfrage-zeigt-unzufriedenheit-in-bevoelkerung-454799/?utm_content=cmp-true, 01.01.25: 20:07

Bundesgesetzes. Für Verwaltungsabkommen gelten die Vorschriften über die Bundesverwaltung entsprechend.

Artikel 60

(1) Der Bundespräsident ernennt und entläßt die Bundesrichter, die Bundesbeamten, die Offiziere und Unteroffiziere, soweit gesetzlich nichts anderes bestimmt ist.

(2) Er übt im Einzelfalle für den Bund das Begnadigungsrecht aus.

(3) Er kann diese Befugnisse auf andere Behörden übertragen.[2]

Warum traut man der Bevölkerung nicht zu, dieses Amt direkt zu wählen? Warum braucht man eine Wahlversammlung, deren Zusammensetzung für den Großteil der

---

2 Siehe Grundgesetz der Bundesrepublik Deutschland

Bevölkerung weder repräsentativ, noch nachvollziehbar ist und bleibt.

Also warum nicht direkt wählen. Da würde sich niemand etwas abbrechen oder gar Gefahr laufen, das irgendwas schief gehen würde.

Vielleicht wäre Franz Beckenbauer Bundespräsident geworden oder es hätte ein Gregor Gysi eine reelle Chance, hier überparteilich unsere Gesellschaft wieder etwas zu formen, anstatt wie ein Steinmeier stets und ständig - den falschen Regimen huldigend – nur den Finger in Richtung AfD Sympathisanten zu heben.

Das Wahlsystem

Unser Wahlsystem ist dies einer repräsentativen Demokratie, oder es soll dies sein.

Es ist ein Mix aus Direktkandidaten und aus Listenkandidaten, welche ausschließlich durch die Parteien bestimmt werden.

Diese Listen haben einer Frau Göring Eckhardt, Ricarda Lang und Kevin Kühnert den Einzug in den Bundestag ermöglicht, ohne jemals eine Ausbildung abzuschließen,oder eben die Legitimation durch ein Direktmandat erhalten zu haben.

Und ehe jetzt das Argument kommt, man kann doch in eine Partei eintreten und sich auf eine Liste setzen lassen – dies ist nur in der Theorie möglich. Die Strukturen der Parteien sind derart verkustet, dass nur Mandatsträger und Funktionäre über Listenplätze abstimmen. In Thüringen wurde von der Union entgegen der eigenen

Satzung der Listenvorschlag erst wenige Stunden vor dem Nominierungsparteitag durch den Vorstand herausgegeben, dies entspricht keiner demokratischen Vorgehensweise. Nein dies entspricht eben eher einer Oligarchie. Ebenso verläuft es bei Linken, Grünen, der SPD und selbst bei einer Neugründung wie dem BSW ist es geradezu unmöglich auf eine der Listen zu kommen, da diese vorher bereits in Vorständen klar abgestimmt wurden. Die normale

Bevölkerung hat keinen Einfluss auf die Zusammensetzung der Liste.

Was kann nunmehr die Alternative sein?

Eine Entmachtung der Parteien und ein Aufbrechen dieser verkrusteten Strukturen kann und muss die einzige Antwort darauf sein.

Unser Bundestag ist das zweitgrößte Parlament der Welt, man könnte diesen Selbstbedienungsladen auf 300

Mitglieder reduzieren und so Millionen Euro sparen. Das würde gleichzeitig bedeuten, dass man die Wahlkreise neu zuweisen müsste, so dass es am Ende 300 Wahlkreise sind. In diesen Wahlkreisen werden dann Direktkandidaten aufgestellt, die keiner Partei angehören müssen, was auch parteilose und unabhängige Politiker stärker einbinden würde und somit die Stärkung von Vertrauen fördern würde. Die Gewählten Mitglieder des Parlaments können sich natürlich zu Koalitionen zusammenfinden, die dann vielleicht eher Interessen orientiert sich verschieben, als sich an parteipolitische Programme zu klammern. Der sachorientierte Politik würde wieder den Vorrang genießen.

Ein weiterer Vorteil wäre, dass der einzelne Abgeordnete nicht mehr zuerst an die Parteiführung denken muss, sondern eben direkt an die, die ihn gewählt haben. Eine dirkete Rückkopplung in den Wahlkreis und nicht nur eine Rückkehr alle 4 Jahre im Wahlkampf wie dies aktuell wieder zu beobachten ist, ist die logische Folge. Zeitgleich spart man Millionen von Geldern, für Fahrdienst, Abgeordneten Diäten, Mitarbeiter und den Bürobetrieb.

Die Verweildauer eines Abgeordneten im Bundestag sollte zwei Legislaturperioden maximal andauern dürfen, diese Legislaturen würden auf 5 Jahre auszuweiten sein. Dies würde die Verkrustung auflösen, die das Berufspolitikertum so mit sich bringt und zugleich für eine Durchmischung in der Zusammensetzung gewährleisten. Gleiches gilt für den Bundeskanzler.

Der ÖRR

Der Öffentlich Rechtlich Rundfunk ist stark in die Kritik geraten und dies ohne Frage auch nicht zu Unrecht. Allein die ARD unterhält wie viele Regionale Sendeanstalten, die täglich bis auf die Nachrichten die regionalen Bezug haben, das gleiche Programm ausstrahlen, dafür aber Regionalstudios in einer Dimension eines eigenen Senders unterhalten. Die Berichterstattung erscheint oftmals einseitig gefärbt und wenig multipolar, mit Elmar Thevesen und seiner Berichterstattung vom US Wahlkapf, haben wir am Anfang bereits gesprochen.

Was ist nun hier die Alternative ?

Den ÖRR abschaffen kann nicht sinnvoll sein, ihn zu reformieren ist eine zwingend notwendige Konsequenz.,

Der ÖRR muss deutlich verschlankt werden, Es braucht kein ZDF Neo, kein

3sat und arte – da reicht zweifelsfrei ein Kanal. Man könnte sogar noch weiter gehen und die Existenz zweier Fernsehsender des ÖRR in Frage stellen. Wir brauchen nicht zwei schlecht, überdimensionierte Silvestershows und zahllose Schlagerpartys. Und auch zwei Redeaktions - und Übertragungsteams bei Europameisterschaften, Weltmeisterschaften oder Olympia braucht es nicht. Nicht Quantität wird die Zukunft des Fernsehens bestimmen, sondern eben Qualität. Und will man ernsthaft in Konkurrenz zu Streamingplattformen und Social Media gehen, dann braucht man kleine qualitativ hochwertig besetzte Redaktionen, die beweglich sind.

Der Beitrag für den ÖRR muss gänzlich gestrichen werden, damit ist dieses ewige Streitthema endlich vom Tisch. Man muss dies natürlich abfedern und den kleineren, damit preiswerteren nun einen Anteil aus dem Bundeshaushalt zugestehen, dies ist die sinnvolle Alternative zum Rundfunkbeitrag und würde auch das gesamte Mahnwesen, die Prozesse gegen säumige Zahler und so weiter überflüssig machen und auch hier würden Millionenbeträge eingespart werden können.

Die Bundeswehr und die Frage der Wehrpflicht

Die Frage der Wehrpflicht spielt aktuell im Wahlkampf so gar keine Rolle. Der Grund ist einfach und kurz erklärt. Die Wehrpflicht wurde nur in der reinen Theorie ausgesetzt. De Facto hat man sie ökonomisch abgeschafft.

Hätte man die Wehrpflicht tatsächlich nur ausgesetzt, hätte man irgendwo im Wald Ausrüstung, Panzer, mehrere Lazarette Waffen und Munition versteckt. Und auch Kasernen wären irgendwo in irgendeinem Wald vorhanden und würden bewirtschaftet und auf ihre Nutzer warten. Man hat aber andre Fakten geschaffen, die Kasernen wurden Eigentum der Länder und von diesen zu Wohngebieten oder Gewerbezwecken umgenutzt, sie sind weg. Die Kreiswehrersatzämter sind abgeschafft, die gesamte Erfassung der Wehrpflichtigen wäre nur mit dem Aufbau einer neuen Struktur zu stemmen und dies bei dem vorhandenen Personalmangel. Und in welchen Uniformen sollten die jungen Leute dort dienen ? In privat gekauften – nun ja. Auch mit welchen Waffen sie ausgebildet werden sollen, ist ein großes Rätsel oder will man vlt. dem Motto der Roten Armee aus dem Zweiten Weltkrieg folgen, nur die erste Welle bekommt eine Waffe, der Rest muss die Waffe gefallener Soldaten aufnehmen.

Die Bundeswehr ist eine Bündnisarmee und eine Berufsarmee. Die Verteidigung Deutschlands würde niemals allein die Bundeswehr leisten müssen und können. Es wäre auf jeden Fall eine Aufgabe der Nato, einen Angriff auf deutsches Staatsgebiet zu begegnen, sowie es Aufgabe der Nato ist, jeden anderen Mitgliedsstaat zu schützen. Wer ein Nato Land angreift, greift alle Nato Länder an, dies ist die Stärke der Nato.

Zweifelsfrei muss die Bundeswehr aber entsprechend den Anforderungen von Nato und im Hinblick auf die Krisen/ Bedrohungslagen die es aktuell gibt ausgerüstet sein und entsprechend gehalten werden. Dies erfordert zweifelsfrei eine jährliche Investition. Das eine 100 Milliarden Investitionsspritze von den Abgeordneten des Deutschen Bundestages mit stehenden Ovationen gefeiert wird, während zeitgleich im Land Infrastruktur, Schulen und Kitas baufällig sind und die Investitionen in Bildung sich auf einem unvergleichbaren Tiefstand befinden, das ist weder nachvollziehbar noch tolerierbar.

Der Russland/ Ukraine Konflikt

Die Frage des Verhaltens im Russland/ Ukraine Konflikt ist eine der polarisierendens Fragen, die es aktuell gibt.

Zugleich zeigt diese Frage in bestechender Deutlichkeit das Problem unserer geführten Demokratie.

Eine Mehrheit der Deutschen lehnt inzwischen eine weitere Lieferung von Waffen an die Ukraine ab, beim Thema der Lieferung von Taurus ist dies sogar noch erheblich deutlicher. Würde also tatsächlich der Wählerwille in Regierungspolitik umgesetzt, wären weitere Waffenlieferungen ausgeschlossen, auf jeden Fall wäre eine Lieferung des Systems Taurus kein Thema.[3]

Eine direkte Folge der Waffenlieferungen an die Ukraine ist keine Lösung des Konfliktes, sondern eine Fortsetzung des Sterbens junger

---

3 Siehe Umfrage de.statista.com 31.12.2024,23:00 Uhr

Menschen an der Front. Auf beiden Seiten gibt es täglich Opfer und da sind die Soldaten nur eine Seite. Die andere Seite sind die Mütter und Väter die ihre Söhne in den Krieg schicken müssen, die Frauen die ihre Männer nicht wieder sehen und die Kinder die ihre Väter verlieren. Politiker keiner Seite oder keiner Partei haben solche Opfer je zu erbringen gehabt. Auch keine Strack - Zimmermann oder Kiesewetter oder Hofreiter werden je in diese Verlegenheit kommen.

Das Leid entsteht immer woanders.

Dies soll gar nicht verharmlosen, dass es sich um einen völkerrechtswidrigen Krieg von Russland gegen die Ukraine handelt, aber zum einen ist dieser Konflikt bereits spätestens 2014 ausgebrochen und hat auch mit der Osterweiterung der Nato maßgeblich zu tun, zum anderen müsste man in der internationalen Politik dann schon gleiche Maßstäbe für alle ansetzen, auch für die USA.

Dies würde aber an dieser Stelle einen Exkurs bedeuten, der für mehrere andre Werke reichen würde, weshalb es nur kurz erwähnt sein soll.

Die Lösung dieses Konfliktes ist eine Prüfung für die Vereinten Nationen. Kurzfristig muss zunächst ein Waffenstillstand die Forderung sein. Dann wäre es am ehesten Vorstellbar, das jeweils 5km zu jeder Seite der Front eine entmilitarisierte Zone geschaffen wird. Die Überwachung der

Einhaltung des Waffenstillstandes kann dann nur durch neutrale UN Truppen erfolgen. Diese Truppen dürfen aber keine amerikanischen oder auch europäischen und gleich gar keine Deutschen Soldaten inkludieren, und diese Truppe muss mit einem harten Mandat ausgestattet werden. Nur so ist zunächst eine Befriedung der seit 2014 im Krieg befindlichen Region und ein entsprechender Wiederaufbau denkbar.

Immer wieder wird die Aufnahme ukrainischer Flüchtlinge und die damit verbundenen Ausgaben kritisiert. Diesem Chor werde ich mich nicht anschließen. In den meisten Fällen wäre die Integration ukrainischer Menschen hier in Deutschland viel einfacher. Die Anerkennung von Ausbildungen oder Studienabschlüssen ist eine zeitliche und nur all zu oft eine große bürokratische Hürde. Das Angebot von Sprachkursen muss ebenfalls ausgeweitet und verbessert werden.

Auch müssen reale Bleibeperspektiven für Ukrainer geschaffen werden, die sich hier eine neue Heimat aufbauen und nicht wieder in zerstörte und russisch besetzte Gebiete zurückkehren wollen.

Aufenthaltstitel die für 2 Jahre begrenzt sind schaffen keine Integration.

Warum soll sich jemand, der nach 6 Monaten noch keinen Sprachkurs bekommen hat, dessen Ausbildung zum Beispiel als Krankenschwester nicht anerkannt wird, weil die Person nur in einem ukrainischen Krankenhaus tätig war und dies nicht vergleichbar sein soll, mit einem deutschen Krankenhaus. Also warum soll sich diese Person in die deutsche Gesellschaft integrieren ? Und die meisten versuchen es, trotz aller Hürden, die ihnen unser Staat entgegen wirft.

Überhaupt habe ich absolute Hochachtung vor den Menschen,die diesen Weg gehen und ihre Heimat, ihre Häuser, Wohnungen verlassen und sich alles hier neu aufbauen. Sie wissen leider, was es heißt, wenn in der Heimat Krieg ist. Diese Menschen haben jede Unterstützung verdient und dies muss auch gesellschaftlicher Konsens sein.

Anders sieht dies aber leider bei Menschen aus arabischen Staaten aus.

Leider haben Muslime eine komplett andere Sozialisierung erfahren als dies in unserer Gesellschaft der Fall ist. Sie finden sich hier im Land schwerer Zurecht, lernen weniger die Sprache, vor allem Frauen fast gar nicht. Männer sind auch eher zufrieden mit dem Sozialsystem und der eher laschen Justiz im Land, was zu einer gesteigerten Kriminalität führt. Und wenn es inzwischen ganze Stadtteile gibt, wo die deutsche Polizei auch nichts mehr zu sagen hat, dann ist dies eine sehr bedenkliche Entwicklung.

Die Bekundungen zum Thema Abschiebungen der etablierten Parteien sind alle vollkommen unglaubwürdig, allein die Frage wie schiebt man jemand ab, den man ohne Papiere aufgenommen hat.

Klimawandel

Ohne Frage gibt es den Klimawandel und welche Rolle der Mensch bei diesem spielt, mag ich nicht beurteilen. Ich gehöre jedenfalls nicht zu den Menschen, welche in den Chor einstimmen, dass das Jahr 2024 doch das wärmste Jahr seit der Wetteraufzeichnung sei. Ja gewiss, aber seit wann gibt es die Wetteraufzeichnungen, seit 150 Jahren ? Was kann uns dies sagen. Richtig, diese Aufzeichnungen sind in der

Diskussion absolut unbrauchbar. In der Londoner Themse wurde Skelett Reste von Tieren gefunden, die heute am Äquator zu Hause sind[4].

Dies soll, wenn auch hier nicht wissenschaftlich aufgezeigt, jedoch etwas verdeutlichen, das die Erde sich niemals in einer Phase des stabilen Klimas bewegt hat, sondern es immer einen Wechsel zwischen Warm und Kaltzeiten gab.

---

4   Siehe:Nilpferde an der Themse — die Geschichte der Warmzeiten;January 2011; Das Eiszeitalter (pp.209-240)

Die Bevölkerung zu einem umweltbewussten Handeln zu animieren, halte ich ausdrücklich für richtig. Sie aber mit immer mehr Verboten und Regelungen, sowie Steuern (CO_2-Abgabe) zu belasten und damit ebenfalls die deutsche Wirtschaft massiv zu schädigen, halte ich für eine , nunja nennen wir es suboptimale Lösung.

Wir brauchen kein Verbot eines Verbrenners, was bei der Marktentwicklung am Automobilmarkt und dem panischen Versuch der deutschen Autoindustrie einen E-Autoboom auszulösen, nur zum Tod der deutschen Automobilindustrie führen kann. VW zeigt bereits erste Entwicklungen, Ford ebenfalls und fragen sie einfach mal bei den Zulieferern im eigenen Land.

Setzen wir lieber auf Innovation in der Entwicklung alternativer Kraftstoffe, die auch in der Herstellung nicht mehr Umweltschaden anrichten, der am

Ende auch wieder von irgendwem in der Welt ausgebadet werden muss.

Im Moment ist das Ziel der Klimaneutralität in weiter Ferne. Das Aus für die Atomkraftwerke halte ich im Ursprung für einen der wesentlichen Fehler der Merkel Regierung. Zu dieser Zeit waren wir Weltmarktführer in der Sicherheitstechnolgie für Atomkraft, mit dem Austieg sind wir auch aus diesem Bereich ausgestiegen. Brückentechnologie sollte das Gas werden. Nun kam aber völlig überraschend die Embargo Politik gegen Russland ins Spiel. Was hat unsere Bundesregierung gemacht und was erzählt sie sehr konstant. Die Gaslieferungen wurden durch die Bundesregieung gestoppt, es wurde kein Gas aus Russland mehr abgenommen. Erzählt wird uns weiterhin, Putin habe das Gas abgestellt – Nein dies hat er nicht. Dies ist eine beständige Ampellüge. „In dem oben genannten Artikel verkündet Frau Baerbock,

„Putin" habe „uns den Gashahn zugedreht". Fakt ist, dass Putin nie einen Lieferstopp verfügt hat, und auch zu Zeiten des Kalten Krieges wurde seitens der damaligen Sowjetunion immer vertragstreu geliefert. „[5]

Wir beschäftigen uns also mit Wind- und Solarenergie, dabei lassen wir völlig außer Acht, dass die Herstellung der Sonnenmodule extrem schädliche Bestandteile benötigt und auch in einem Windrad entsprechende Bestandteile enthalten können. Dazu

---

5 „Ampel ringt um Heizungsgesetz", BA vom Samstag, 3. Juni; Dr. Peter Zehfuß

die Flächenversiegelung die beim Aufstellen entsprechender Anlagen geschieht.

Was würde eigentlich Klimaneutralität bedeuten, richtig man dürfte für kein Produkt mehr CO_2 verwenden, nicht in der Herstellung, nicht beim Transport oder der Lagerung – diese Vorstellung ist schlichtweg naiv und absolut realitätsfremd.

Es ist eben nicht die Umweltpolitik die Vertrauen zerstört und polarisiert, es ist auch in diesem Politikfeld eine unzuverlässige Politik, mit falschen Aussagen und einer rein ideologisch geprägten Ausrichtung, die keine Spielräume mehr lässt.

Finanzpolitik und Schuldenbremse

Die Finanzpolitik ist ebenfalls ein ewiger Streitpunkt. Was soll sich in diesem Sektor ändern, wenn eine Unions geführte Bundesregierung das Amt übernimmt – Nichts richtig.Die Ausgaben werden nicht gesenkt, die Schuldenbremse als zentraler Bremsklotz für Investitionen bleibt wie sie ist.

Die Schuldenbremse ist ein leidiges Thema.

Im ersten Studienjahr lernt jeder Wirtschaftsstudent die Wirtschaftstheorie nach Keynes kennen. Nun wissen wir ja bereits aus einigen Beispielen, dass es Politiker geben soll, deren Ausbildung nun ja etwas übersichtlicher gehalten ist. Wir können also davon ausgehen, dass nicht jeder Politiker einen solchen Kurs besucht hat.

Bei Keynes heisst es, ganz klar und logisch, was bei einer bzw wie bei einer Wirtschaftskrise vom Staat gehandelt werden sollte. Indem der Staat die gesamtwirtschaftliche Nachfrage direkt durch Erhöhung seiner Ausgaben z. B. für öffentliche Aufträge wie den Bau von Straßen, Schienenwegen oder öffentlichen Gebäuden, oder indirekt, z. B. durch Steuervergünstigungen für Investitionen, steuert, trägt er zur Belebung der Wirtschaft bei. Das schafft neue Arbeitsplätze und Einkommen bei den privaten Haushalten, die wiederum mehr

Konsumgüter nachfragen, was wieder Investitionen der Unternehmen bewirkt und weitere Arbeitsplätze schafft [6]

Also von Schuldenbremse hat Keynes nicht gesprochen. Sehr wohl aber davon, dass in einer Krise der Staat einspringen muss. Und dies nicht, wie es so oft bereits praktiziert wurde, durch ein erhöhtes Förder – und Subventionsmanagement, nein Subventionen sind Gift für den

---

6 Siehe: https://www.bpb.de/kurz-knapp/lexika/lexikon-der-wirtschaft/19777/keynesianismus/; 05.01.25: 18:24

Steuerhaushalt. Wir sehen dies am Beispiel von Intel in Magdeburg und Northvolt wo hunderte Millionen am Ende einfach verbrannt wurde und natürlich übernimmt kein Mensch Verantwortung dafür. Warum auch, Beschaffungsskandale bei der Bundeswehr, der Mautskandal bei der Autobahn oder ein Ministerpräsident der gewählt wird obwohl gegen ihn ein Verfahren wegen Plagiates bei seiner Dissertation eingeleitet wurde, also bitte warum sollte da jetzt ein

Wirtschaftsminister Verantwortung übernehmen, nein er bewirbt sich doch glatt als Kanzler. Nun gut Frau van der Leyen ist auch befördert worden, obwohl es ja einige Skandale bereits in ihrer Zeit im Verteidigungsministerium gab und sie auch in der Coronakrise eine mindestens zweifelhafte Rolle gespielt hat.Dies soll aber nicht zum nachahmen empfohlen werden, sondern soll vielmehr aufzeigen, dass es keine spezielle Partei gibt, sondern das dies ein Problem dieser

Politikergeneration zu sein scheint, jede Form der Verantwortung abzulehnen.

Aber kommen wir zurück zur Schuldenbremse. Diese wurde als Garantie für die Stabilität des Euro eingeführt, widerspricht aber jede Form der Wirtschaftstheorie. Wir haben ja bereits den Keysianischen Ansatz gehört, der Staat muss also mit Investitionen die Wirtschaftsdelle auffangen und regulieren. Dies funktioniert aber nur, ohne eine Schuldenbremse.

Wir brauchen kein Sondervermögen oder irgendwelche anderen komplizierten und verschachtelten Haushaltspolitischen Tricks, allein die Abschaffung würde uns in Zeiten der Krise weiter helfen.

Man stelle sich vor, dass ein Investitionsprogramm ausgerufen würde, was die Renovierung aller Straßen, Schulen und Kindergärten ermöglichen würde. Welches den flächendeckenden Ausbau des Glasfasernetzes ermöglichen würde. Unbürokratische und schnelle Ausschreibungsverfahren bräuchte man dafür, sowie in der Folge auch entsprechend unkomplizierte Genehmigungsverfahren. Auch wäre ein Wirtschaftswettbewerb denkbar, der Innovation fördert für eben gerade den gesamten Mobilitätsbereich.

Wir sind bekannt für eine starke und gute Autoindustrie, also forschen wir doch einfach an einem Kraftstoff der ohne Verwendung seltener Erden und CO_2 auskommt – somit wirklich klimaneutral ist und mit dem auch ein Benzin oder Dieselfahrzeug fahren kann.

Dies wäre ein Meilenstein deutscher Ingenieurskunst und würde uns wieder an die Spitze der Automobilindustrie katapultieren.

Gesundheitspolitik

Das Pflegegeld solte deutlich erhöht werden und die Krankenhausreform sollte umgesetzt werden. So stand es damals im Koalitionsvertrag der Ampel.-

Das Pflegegeld wurde seit Jahren gar nicht angefasst und die Krankenhausreform ist in den Kinderschuhen stecken geblieben, dafür werden jetzt die Krankenkassenbeiträge erheblich erhöht. Es ist also, mal wieder teurer geworden und die Leistungen sind nicht mehr, nein es wird immer wieder davon gesprochen, dass man Leistungen kürzen wolle.

Was wäre eine richtige Reform.

Wir haben gesehen, das Krankenhäuser wie zum Beispiel die Helios Gruppe massiv gestützt wurden in der Coronakrise. Was lernen wir aus dieser Krise ?

Rcihtig -Nichts, wie auch schon in Krisen zuvor (Finanzkrise als Beispiel) wurde Geld einfach ausgegeben, um letztlich Notsituationen in Unternehmen abzufedern. Falsch ist dies nicht, aber warum erhielt man keine Gegenleistung dafür, wo ist das Geld hingeflossen?

Gegenleistungen sind dabei in keinem Fall, Medikamente oder Therapien – nein, aber warum hat man keine staatliche Beteiligung an Krankenhäusern im Gegenzug eingefordert? Wenn man dies getan hätte und den richtigen Schluss aus der

Coronakrise ziehen würde, nämlich, dass Gesundheitsvorsorge ein Grundrecht jedes Bürgers sein muss, unabhängig davon ob er in der Stadt oder auf dem Land wohnt, arm oder eben wohlhabend ist. Ja dann, würde man auf die Idee kommen können, dass die Krankenhausprivatisierung eine wirklich schlechte Idee war und man sie zurück abwickeln muss. Dafür müsste man natürlich Unternehmen entschädigen, aber mit den Millionen die man den Gesellschaften in der

Coronakrise gab, wäre bereits ein Teil der Gesellschaften verstaatlicht gewesen.

Unter dem Strich bleibt aber, dass Krankenhäuser in staatliche Hand gehören und nicht dem Markt und Wettbewerb unterliegen dürfen.

Eine Reform der Krankenkassen ist auch und gerade jetzt von entscheidender Bedeutung. Man braucht nicht eine Vielzahl von Krankenkassen, dazu auch keine

Unterteilung in Privat und Staatliche Kassen. Die Reduzierung der Krankenkassen auf vier große Kassen, bei gleichzeitiger Abschaffung der Bemessungsgrundlage, würde eine wirkliche Reform bedeuten. Eine Verschlankung des materiellen und personellen Aufwandes in den Kassen insgesamt neue Handlungsspielräume schaffen und stabile Beiträge generieren. Das gleiche gilt natürlich auch für die Pflege. Menschen die geholfen haben, diesen Land erfolgreich zu machen, dürfen im Alter oder Pflege nicht zu Opfern der Haushaltspolitik werden. Daher müssen zukünftig auch alle in die Pflegekassen einzahlen, ohne Bemessungsgrenze und natürlich müssen die Pflegegelder angepasst werden, gerade nach der massiven Inflation um mindestens 50%.

Rentenpolitik

Die Rente ist sicher, sagte einst Norbert Blüm. Aber wann sie kommt und wie hoch sie ist, hat kein Mensch formuliert.

Mit 70 sind die meisten Berufen im Handwerk schlicht nicht mehr auszuführen. Deshalb ist die Diskussion, um eine generelle Anhebung des Renteneintrittsalters eine Farce.

Warum lässt man die Menschen nicht selbst entscheiden, wie lange sie arbeiten. Eine Regelung angelehnt an die jetzige Regelung, sprich wer 45 Arbeitsjahre absolviert hat, bekommt mindestens 1300 € Rente, dieser Betrag erhöht sich entsprechend, wenn mehr Rentenpunkte erworben wurden und natürlich für jeden Monat den man länger arbeitet. Man kann aber auch nach 40 Jahren Arbeitsleben in Rente gehen, muss dann aber mit einer geringeren Rente rechnen. Hier sprechen wir aber nur von der staatlichen Altersrente. Private

Zusatzversicherungen sind davon ausgenommen.

Ein weiterer und viel wesentlicherer Teil muss die Abschaffungen von staatlichen Pensionen sein. Wenn Beamte ebenfalls in die Staatlichen Krankenkassen integriert werden, kann und muss dies auch für die Rentenkasse gelten. Jeder wird Pflichtversichert egal ob Selbstständig, Postboote, Handwerker, Polizist oder Politiker und alle zahlen ohne

Beitragsbemessungsgrenze einen Prozentanteil ihres Lohnes in die Gesetzliche Rentenversicherung ein. Da stellen wir die Rentenkasse auf gesunde und stabilere Füße und brauchen keine Aktienrente oder irgendetwas vergleichbares.

Macht Schluss mit allem,

was unrecht ist.

Hört auf zu lügen und

euch zu verstellen,

andere zu beneiden oder schlecht
über sie zu reden.

1. Pet 2,1 (GN)

Zeitfracht Medien GmbH
Ferdinand-Jühlke-Straße 7
99095 Erfurt, Deutschland
produktsicherheit@kolibri360.de